Inhalt

EPC und EPC Netzwerk - wichtige Grundlagen zur weltweiten Nutzung von RFID

Kernthesen

Beitrag

Fallbeispiele

Weiterführende Literatur

Impressum

EPC und EPC Netzwerk - wichtige Grundlagen zur weltweiten Nutzung von RFID

I.Zeilhofer-Ficker

Kernthesen

- Durch die Übergabe des Electronic Product Codes (EPC) an die EPCglobal Inc. im November 2003 wurde der Grundstein für die kommerzielle Nutzung der RFID-Technologie weltweit gelegt.
- Der EPC auf sogenannten RFID-Tags soll mittel- und langfristig den Barcode ersetzen.
- Mit EPC und EPC-Netzwerk stehen produzierenden und Handelsunternehmen

weltweit gültige Standards zur eindeutigen Nummerierung und Identifizierung von Waren zur Verfügung.
- Vor allem die Konsumgüterbranche erwartet sich vom Einsatz der RFID-Technologie in Verbindung mit EPC riesige Einsparungen durch die Revolutionierung ihrer Logistik- und Verkaufsprozesse.
- Global Players wie Wal-Mart, Metro, Carrefour, Néstle, Gilette, Procter & Gamble und Unilever aber auch Intel, Siemens, Infenion und SAP sind vom künftigen Erfolg der RFID-Technologie überzeugt und unternehmen alle erdenklichen Anstrengungen für eine baldige flächendeckende Nutzung.

Beitrag

RFID soll Logistik- und Verkaufsprozesse revolutionieren

Neue Technologien stoßen anfangs traditionell auf Widerstand. Das zeigte sich auch bei der Implementierung des Barcodes 1973. Über zehn Jahre dauerte es, bis die meisten Zulieferer und

Handelsunternehmen von den Vorteilen der Strichcodierung überzeugt waren und die Technik flächendeckend einsetzten. (1)

Geht es nach dem Willen von einigen Handelsriesen, so soll die Ablösung des Barcodes durch die Radiofrequenz-Identifikation (RFID) viel schneller vonstatten gehen. Die Radiofrequenz-Technik ist schon lange keine Neuerfindung mehr - bereits im zweiten Weltkrieg wurde sie für militärische Zwecke genutzt und seit einigen Jahren wird sie mit großem Erfolg in Nischenanwendungen wie Wegfahrsperren, Skipässen und zur Tieridentifikation eingesetzt. Der große Vorteil der RFID-Technik ist die Datenerfassung ohne Sichtkontakt sowie die dadurch mögliche Pulkverarbeitung. (1), (2)

Nun soll RFID den Barcode ersetzen und langfristig die Logistik- und Verkaufsprozesse von Handelsunternehmen aber auch des produzierenden Gewerbes revolutionieren. Einsparungen in Milliardenhöhe erwartet man sich durch die Vereinfachung von Wareneingangs- und -ausgangsprozessen sowie durch die größere Aktualität und Transparenz von Bestandsdaten. (1)

Dazu sind allerdings enorme Investitionen zu tätigen. Laut IDC sollen die Ausgaben für RFID von 91,5 Millionen Dollar in 2003 auf gut 1,3 Milliarden Dollar in 2008 steigen. (4)

Wie funktionieren RFID und EPC

Beim Barcode-Verfahren sind alle Einzelverpackungen einer bestimmten Warenart mit dem selben Code versehen. Beispielsweise tragen alle 150g-Erdbeer-Joghurt-Becher der Firma xy die gleiche Strichcodierung, egal in welchem Zwischenlager oder Supermarkt sie sich gerade befinden und wann und wo sie produziert wurden. Diese Identifizierung erlaubt dem Händler, Preise zentral in seinem DV-System zu verändern, ohne dass eine neue Preisauszeichnung jedes einzelnen Bechers erforderlich wäre. An der Kasse wird durch das Abtasten des Strichcodes der gerade aktuelle Preis abgerufen und berechnet. (3)

Gesetzliche Vorschriften und Kundenwünsche verlangen aber mehr. Jedes einzelne Produkt muss eindeutig identifiziert und zu seinem Hersteller zurückverfolgt werden können. Hier sollen RFID und EPC helfen.

RFID-Tags und Lesegeräte

Der RFID-Tag ist ein nur Sandkorn großer Halbleiterschaltkreis in einer flexiblen Folie mit einer Antenne (Transponder). Auf diesem Chip wird der Electronic Product Code (EPC) gespeichert. Der EPC ist für jede Einzelverpackung eindeutig, d. h. jeder einzelne Joghurtbecher ist individuell und zweifelsfrei zu identifizieren, das Produktionsdatum und der Herstellungsort sowie viele weitere Informationen sind feststellbar. Passiert nun einer dieser Transponder ein Lesegerät so wird die EPC-Information abgerufen und entsprechend verarbeitet. (2), (5)

Technisch stehen zweierlei Arten von Etiketten zur Verfügung, aktive und passive RFID-Tags. Für den Masseneinsatz kommen aus Preisgründen nur die billigeren passiven Transponder in Frage, die bald nur noch wenige Cent kosten sollen. Diese Funkchips tragen nur den EPC und haben keine eigene Energiequelle. Kommt ein EPC-Tag in das elektromagnetische Feld eines Lesegerätes, wird er dadurch aktiviert und sendet seine Informationen. (1), (8)

Aktive RFID-Tags haben dagegen eine eigene Batterie, sie sind wieder beschreibbar und können bis zu einem Megabyte an Daten aufnehmen. Dadurch können alle relevanten Produkt- und Logistikdaten direkt am Produkt vorgehalten und abgerufen werden. Außerdem haben diese Transponder eine größere Reichweite als passive Versionen. Allerdings sind die aktiven RFID-Chips auch um ein Vielfaches teurer als passive. (1)

Electronic Product Code (EPC)

Der Electronic Product Code ist ein Weg zur eindeutigen elektronischen Produktidentifizierung. Er wurde vom Auto-ID-Center entwickelt, eine Institution unterstützt von über hundert global agierenden Unternehmen und verschiedenen Universitäten. An der EPC-Entwicklung federführend beteiligt war das Massachusetts Institute of Technology (MIT) sowie die beiden Standardisierungsorganisationen EAN und UCC. Entstanden ist eine 4-teilige Nummer, die die in der Konsumgüterwirtschaft weit verbreitete 14-stellige EAN-Nummer GTIN nutzt und erweitert. Vier getrennte alphanumerische Zeichenfolgen identifizieren Hersteller, Produkt, Version und Seriennummer. Mit seiner Größe von 96 Bit ist es möglich, eindeutige Codes für 268 Millionen Unternehmen herzustellen. Jedem Unternehmen stehen wiederum 16 Millionen Objektklassen zur Verfügung, für jede Objektklasse können 68 Milliarden eindeutige Seriennummern vergeben werden. (1)

Damit ist die Basis geschaffen, um jedes weltweit gehandelte Produkt mit einer einmaligen, eindeutigen Nummer zu kennzeichnen. Um die kommerzielle Nutzung des EPCs voranzutreiben, hat das Auto-ID-Center die Standardisierung und Weiterverbreitung des EPC im November 2003 an die Organisation EPCglobal Inc. übergeben, einem Joint Venture von EAN International und dem Uniform Code Council Inc. (UCC). (www.epcglobalinc.org)

Mit der Verwaltung des EPC-Verzeichnisses wurde zwischenzeitlich die US-Firma Verisign beauftragt, die sich durch die Administration der zentralen Internet-Adressen bereits einen Namen gemacht hat. (6), (8), (www.epcglobalinc.org)

EPC Network

Damit die Vorteile des EPC optimal genutzt werden können, hat das Auto-ID-Center das EPC-Network entwickelt. Es wird die Nutzung der billigeren passiven Etiketten sowie die zentrale Produktdatenspeicherung in Internet-Datenbanken empfohlen. Informationen über das einzelne Produkt sollen auf einem PML (Physical Markup Language)

Server gespeichert werden. Neben der Identifizierung des Teils selbst können hier Informationen über Herstellungsort und -zeit, über Lieferung und Verarbeitung, Transport und Lagerung und vieles mehr vorgehalten werden. Passiert ein RFID-Tag mit einem EPC ein Lesegerät, so werden die EPC-Daten an einen Computer weitergeleitet, auf dem die Middelware Savant(R) installiert ist. Savant(R) verbindet den Computer zu einer ONS-Datenbank (Object Name Service), die die entsprechende Internet-URL mit den Produktdaten findet und aufruft. Die Produktdaten stehen nun zur Verfügung und können mit weiteren Informationen ergänzt oder in anderen Systemen weiter verarbeitet werden. (7), (www.epcglobalinc.org)

Durch die Schaffung dieser Standards erhofft man sich eine möglichst weite Verbreitung von weltweit einheitlichen RFID-Systemen, die zum Erreichen der erhofften immensen Kosteneinsparungen notwendig sind. Bisher übliche proprietäre Einzellösungen habe sich als dafür ungeeignet erwiesen. (8)

Vorteile der RFID-Technik und des EPC

Bei der Barcode-Technik ist die Produktnummer

durch Hell-Dunkel-Felder dargestellt, die mit Lichtquellen abgetastet und identifiziert werden. Dazu muss zwischen dem Datenträger und dem Scanner Sichtkontakt hergestellt werden. Da die RFID-Transponder auf Radiofrequenzwellen reagieren, ist für den Lesevorgang kein Sichtkontakt notwendig und auch die Pulkverarbeitung von mehreren Objekten gleichzeitig ist problemlos möglich. (3)

Heutzutage müssen beim Warenein- und -ausgang zumindest jedes Packstück, oft auch dessen Inhalt manuell überprüft und gescannt werden. Diese Prüfung ist nicht nur zeit- und personalintensiv, sondern oft auch durch den manuellen Prozess mit Fehlern behaftet. Sind alle Produkte oder zumindest Packstücke mit RFID-Tags und EPC ausgestattet, so ist Wareneingangsprüfung ganzer LKW-Ladungen nur noch eine Sache von wenigen Minuten. Der LKW fährt dazu an einem Lesegerät vorbei, das automatisch die Daten aller mit EPC gekennzeichneten Packstücke registriert und als Wareneingang verbucht. (9)

Branchenabhängig bietet die Technik verschiedenen Zusatznutzen. In der Textilbranche können Transponder zur Diebstahlsicherung beitragen, in der Lebensmittelbranche kann RFID die lückenlose Rückverfolgung von Produkten gewährleisten,

Logistik- und Speditionsunternehmen können Status- oder Routinginformationen in Echtzeit verfügbar machen. Langfristig ist selbst das vollautomatische Bezahlen im Supermarkt vorstellbar. Man schiebt seinen Einkaufswagen voll mit RFID-Tags versehen Produkten einfach durch ein Lesegerät, das die Produktdaten sowie die Kundeninformationen der RFID-Kundenkarte erfasst. Der zu bezahlende Betrag wird in Sekundenschnelle ermittelt und dem Kundenkonto belastet. (9)

Weitere Vorteile der RFID-Etiketten ist ihre Unempfindlichkeit gegenüber Witterungseinflüssen und Verschmutzung. Selbst das Waschen in der Waschmaschine und das Bügeln bei 240 Grad überleben robustere RFID-Tags problemlos. (10)

Probleme und Bedenken

Die Handelsriesen haben längst erkannt, dass die Vorteile der RFID-Technik nur zum Tragen kommen, wenn man sich auf globale Standards wie den EPC aber auch hinsichtlich der zu nutzenden Funkfrequenzen und Etikettentypen einigt. Die Arbeit des Auto-ID-Centers und jetzt der EPCglobal Inc. ist deshalb von unschätzbarem Wert für die globale Verbreitung der Technik. (2), (3)

Trotzdem sind gerade auf dem Gebiet der Datenverarbeitung noch viele Anstrengungen nötig. Datenformate und Schnittstellen für die Verarbeitung der RFID-Daten in firmeninternen ERP- und WMS-Systemen müssen vereinbart, Zugriffsrechte geschaffen werden. (2)

Prognosen sagen, dass alleine Wal-Mart eine tägliche Datenmenge von rund 8 Terabyte produzieren wird, wenn alle Produkte mit RFID gekennzeichnet sind. Diese unvorstellbare Datenflut ist von konventionellen Datenbanken kaum noch zu verarbeiten. Hier muss nach Lösungen gesucht werden, die sowohl den Transport als auch die Verarbeitung dieser Datenmengen ermöglichen. (2), (11)

Kopfschmerzen bereiten momentan auch noch die riesigen Investitionskosten, die auf die Hersteller zukommen. Zwischen 13 und 23 Millionen Dollar kostet es laut Berechnungen von AMR Research einen Lieferanten, der 50 Millionen RFID-Produkte im Jahr ausliefert, seine Produkte auf RFID umzustellen. Diese Summe setzt sich zusammen aus den Kosten für die RFID-Etiketten von ca. 20 bis 50 Cent pro Stück, der Anschaffung von Lese- und Codiergeräten, von Software sowie den Kosten für Anpassungs- und Integrationsarbeiten. Allerdings ist bereits jetzt durch die erhöhte Nachfrage ein Preisverfall für Etiketten feststellbar, so dass sich deren Preise schon bald bei ca. 5 bis 10 Cent pro Stück bewegen dürften. (1), (5)

Bedenken von Daten- und Verbraucherschützern

Noch gibt es erst vereinzelte Produkte in Pilotanwendungen und doch laufen Daten- und Verbraucherschutzorganisationen schon dagegen Sturm. Zustände wie bei George Orwells "1984" werden vorhergesehen, der ausspionierte Kunde vorausgesagt. Man befürchtet, dass durch RFID-Tags in Kleidungsstücken jederzeit der Aufenthaltsort einer Person feststellbar ist und dass jegliche Anonymität durch RFID künftig verhindert werde. (12), (13)

Die Betreiber der RFID Pilotprojekte versichern aber, dass alle Datenschutzvorschriften selbstverständlich eingehalten würden. Die Metro Group hat als Reaktion auf die Bedenken in seinem Pilot-Kaufhaus "Future Store" ein Gerät zur Deaktivierung des EPC aufgestellt. Außerdem wurden Kundenkarten, die einen RFID-Chip enthielten gegen Nicht-RFID-Karten ausgetauscht. Der Einsatz von RFID für Einzelprodukte dürfte trotzdem noch nicht so bald durchzusetzen sein. (12), (13)

Fallbeispiele

Die Centrale für Coorganisation (CCG), Köln, ist in Deutschland für die Vergabe von EPC-Lizenzen als offizieller Repräsentant von EPCglobal Inc. zuständig. Lizenzen sind ab sofort dort erhältlich. (19)

Printronix liefert seit Januar einen Thermodrucker für RFID-Etiketten. Der Drucker ergänzt das ebenfalls bei Printronix erhältliche Entwicklerpaket, mit dem Anwender alles verfügbar haben, was zur RFID-Einführung notwendig ist. (21)

SAP hat im Februar 2004 die erste Standardsoftware vorgestellt, die RFID-Daten in ERP- und SCM-Lösungen einbindet. Über Auto-ID-Konnektoren werden die Daten direkt in die Geschäftsprozesse auf SAP R/3 oder mySAP ERP integriert. (22)

Handelsriesen wollen RFID ab

2005

Bis spätestens Januar 2005 müssen die 100 wichtigsten Wal-Mart-Lieferanten ihre Kartons und Paletten mit RFID-Chips ausstatten, allen anderen Geschäftspartnern lässt man ein Jahr länger Zeit. Die von Wal-Mart geforderten EPC-Tags sollen mit UHF-Taktfrequenzen von 868 bis 956 MHz arbeiten und der Klasse 0 oder 1 entsprechen. (5), (14)

Die Abwicklung der gesamten Logistikabläufe mithilfe von RFID wird bei Metro im "Future Store" in Rheinberg erprobt. Hier kann man auch bereits das vollautomatische Bezahlen mittels RFID erleben. Die dortigen Testläufe, an denen unter anderen IBM, Intel, SAP und Microsoft mitwirkten, haben die Erwartungen des Metro Managements erfüllt. Metro verlangt deshalb von seinen 100 größten Lieferanten ab November 2004 RFID-Transponder mit EPC an den Transportverpackungen. Die Ausweitung auf Einzelprodukte wird man aber erst dann ins Auge fassen, wenn die Tags zu einem wesentlich günstigerem Preis erhältlich sind. (18)

Auch andere Handelsketten sind mittlerweile auf den RFID-Zug aufgesprungen. Ab 2005 erwarten Target und Albertsons, USA, und Tesco und Marks & Spencers, UK die Etikettierung mit RFID/EPC.

Die Rewe Gruppe testet RFID zusammen mit der Kölner Brauerei Gaffel Becker & Co. Ab April 2004 werden die gelieferten Bierkästen mit Funketiketten versehen. Mit diesem Pilotprojekt soll vor allem der mögliche Nutzen von RFID für kleine und mittelständische Unternehmen (KMU) untersucht werden. Außerdem erhofft man sich Erkenntnisse darüber, inwieweit die Technologie die Erfüllung der EU-Verordnung zur Rückverfolgbarkeit unterstützen kann. (20)

Weiterführende Literatur

(1) Koch, Konrad / Welte, Beat, Der Grosse Bruder heisst RFID - Funkchips erobern den Detailhandel, Finanz und Wirtschaft, 21.01.2004, S. 38:Technologie aus Wormser Zeitung vom 25.11.2003

(2) Sinn, Dieter, Collaboration/SCM/Der Zug rollt an, jetzt müssen die Weichen gestellt werden - Auf RFID ist die IT schlecht vorbereitet, Computerwoche, 06.02.2004, Nr. 6, S. 34 - 35
aus Wormser Zeitung vom 25.11.2003

(3) CCG - Mit EPC zum Standard
aus Retail & Technology, Heft 1/2004, S. 10-12

(4) Branchenriesen fokussieren auf Transpondertechnik - Tage des Strichcodes scheinen gezählt, Computer Zeitung, Heft 4, 2004, S. 6

aus Retail & Technology, Heft 1/2004, S. 10-12

(5) Kostspieliger Umstieg auf die Funktechnik - RFID: Wal-Mart setzt Lieferanten unter Zugzwang, Computerwoche, 28.11.2003, Nr. 48, S. 30
aus Retail & Technology, Heft 1/2004, S. 10-12

(6) Datenschutz Verzeichnis für die umstrittenen Warenchips
aus Frankfurter Rundschau v. 26.01.2004, S.10, Ausgabe: S Stadt

(7) Die RFID-Zukunft startet schon jetzt
aus Lebensmittel Zeitung 52 vom 23.12.2003 Seite 014

(8) Lückenlos dokumentiert - RFID-Technik löst Barcode Etiketten ab, c't - Magazin für Computertechnik, 03/2004, S. 46
aus Lebensmittel Zeitung 52 vom 23.12.2003 Seite 014

(9) Prof. Bretzke, Wolf-Rüdiger / Klett, Michael, Dem Nachfolger die Tür geöffnet, DVZ, Nr. 029, 11.03.2004
aus Lebensmittel Zeitung 52 vom 23.12.2003 Seite 014

(10) Universität Dortmund - Transponder im Härtetest
aus Retail & Technology, Heft 1/2004, S. 16-17

(11) Caching Engine soll die erwartete Datenflut bewältigen - Progress nutzt RFID-Technik, Computerwoche, 23.01.2004, Nr. 4, S. 4
aus Retail & Technology, Heft 1/2004, S. 16-17

(12) Metro stoppt Kundenkarten mit Funkchip im Future Store
aus Frankfurter Allgemeine Zeitung, 06.03.2004, Nr. 56, S. 22

(13) Datenschützer und Metro streiten über Funk-Etiketten US-Aktivistin Katherine Albrecht entdeckt beim Besuch des Rheinberger Modell-Supermarkts versteckten Chip in der Kundenkarte
aus Frankfurter Rundschau v. 16.02.2004, S.10, Ausgabe: S Stadt

(14) Wal-Mart gibt bei RFID den Takt vor
aus Lebensmittel Zeitung 46 vom 14.11.2003 Seite 026

(15) Metro startet mit RFID im November
aus Lebensmittel Zeitung 03 vom 16.01.2004 Seite 026

(16) Radiofrequenztechnik zum Anfassen - Intel und SBS eröffnen RFID-Center, Computerwoche, 12.03.2004, Nr. 11, S. 39
aus Lebensmittel Zeitung 03 vom 16.01.2004 Seite 026

(17) "Big Benetton is watching you"
aus TextilWirtschaft 52 vom 23.12.2003 Seite 060

(18) 100 Lieferanten müssen ihre Verpackungen "taggen" - RFID: Metro folgt Wal-Mart-Beispiel, Computerwoche, 16.01.2004, Nr. 3, S. 4
aus TextilWirtschaft 52 vom 23.12.2003 Seite 060

(19) Erneuerungen statt ruinöser Rabattschlachten
aus Lebensmittel Zeitung 07 vom 13.02.2004 Seite 032

(20) Rewe testet RFID an Bierkästen
aus Lebensmittel Zeitung 04 vom 23.01.2004 Seite 030

(21) Neuer Thermodrucker für RFID-Etiketten nach Industriestandard, DVZ, Nr. 007, 20.01.2004
aus Lebensmittel Zeitung 04 vom 23.01.2004 Seite 030

(22) Eindeutige Produktkennzeichnung, Distribution, Heft 2, 2004, S. 27
aus Lebensmittel Zeitung 04 vom 23.01.2004 Seite 030

Impressum

EPC und EPC Netzwerk - wichtige Grundlagen zur weltweiten Nutzung von RFID

Bibliografische Information der deutschen Nationalbibliothek

Die Deutsche Nationalbibliothek verzeichnet diese Publikation in der deutschen Nationalbibliografie; detaillierte bibliografische Daten sind im Internet über http://dnb.d-nb.de abrufbar.

ISBN: 978-3-7379-1033-0

© 2015 GBI-Genios Deutsche Wirtschaftsdatenbank GmbH, Freischützstraße 96, 81927 München, www.genios.de

Alle Rechte vorbehalten. Dieses Werk ist einschließlich aller seiner Teile – z.B. Texte, Tabellen und Grafiken - urheberrechtlich geschützt. Jede Verwertung außerhalb der Grenzen des Urheberrechtsgesetzes bedarf der vorherigen Zustimmung des Verlags. Dies gilt insbesondere auch für auszugsweise Nachdrucke, fotomechanische

Vervielfältigungen (Fotokopie/Mikroskopie), Übersetzungen, Auswertungen durch Datenbanken oder ähnliche Einrichtungen und die Einspeicherung und Verarbeitung in elektronischen Systemen.